AF230025

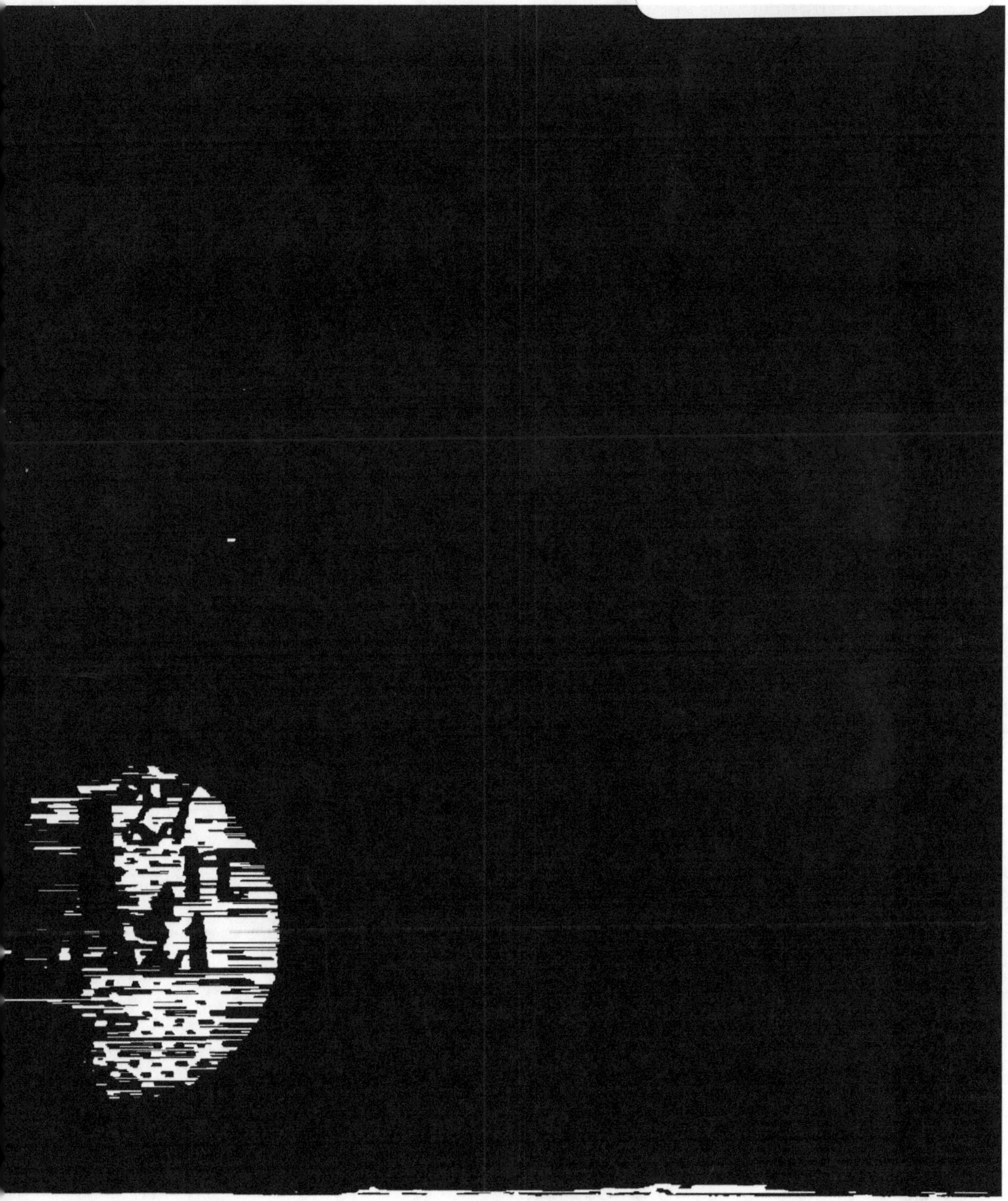

A DE LAMARTINE

PARIS, IMPRIMERIE VALLÉE, 16, RUE DU CROISSA

A de LAMARTINE
photographié d'après nature
par ALEXANDRE MARTIN

BIOGRAPHIE COMPLÈTE

DE

A. DE LAMARTINE

PAR

A. VEMAR

Avec Portrait photographié d'après nature
par Alexandre Martin

———

PARIS

F. COURNOL, ÉDITEUR

20, RUE DE SEINE.

A. DE LAMARTINE

« Tout au bout de l'avenue d'Eylau, en face de la jonction de cette voie avec l'avenue de l'Empereur, derrière une grille masquée de lierre, se montre un long chalet à un étage, où des briques rouges remplissent une charpente de larges solives de bois assemblées en rectangles.

» Cette maison est plantée de travers, regardant obliquement les deux routes, et de façon qu'une chambre à coucher du premier étage regarde la partie de l'avenue de l'Empereur qui s'éloigne de Paris.

« Cette chambre, à laquelle on parvient après un escalier à deux corps en retour et de dix marches chacun, et au bout d'un couloir de quatre pas, est très-simplement meublée. On voit, en entrant, une armoire entre le mur et la fenêtre ouverte sur le petit côté du bâtiment ; devant la seconde fenêtre, percée sur la façade du bâtiment, est une petite table auprès d'un lit à colonnades ; deux fauteuils complètent l'ameublement de cette simple pièce.

» C'est sur ce lit à rideaux rouge foncé que jeudi s'est couché l'un des plus grands poëtes qu'a comptés la France ; c'est samedi que s'est éteint là celui qui, vingt-un ans auparavant — jour pour jour — était, comme citoyen, acclamé par la France entière.

» Certes, ce jour-là, sa figure ne fut pas plus rayonnante qu'elle ne s'est montrée au moment de la mort ; c'est dans un sourire de poëte que s'est éteint Lamartine, sourire dont la rigide mort a respecté la douce grandeur.

» Depuis longtemps, la paralysie enchaînait l'auteur de *Jocelyn*, depuis deux années qu'il habite ce chalet où repose aujourd'hui son cadavre, le mal progressait lentement, timidement ; c'était à croire que la mort avait eu conscience de l'importance de la victime qu'elle avait marquée, et que, s'avouant impuissante à l'abattre d'un seul coup, elle avait demandé aide et secours à l'invincible temps.

» Les médecins appelés le matin avaient promis de longs jours au moribond, le soir ils s'avouèrent vaincus ; le poëte était condamné : l'abbé Deguerry fut appelé, et le malade se confessa. Il était calme comme les grandes âmes devant qui la mort est petite chose ; l'âme du poëte planait encore, et l'homme restait insouciant sur ce lit qu'entourait toute sa belle famille.

» Il y avait là ses trois nièces : sa fille adoptive, Valentine de Cessia, comtesse de Lamartine ; madame de Montereau et son fils ; la comtesse de Pierreclos et madame de Belleroche.

» Puis MM. des Places, de Chamboran et Edmond Texier... M. Deguerry était venu le matin, et le poëte, dont l'œil s'éteignait, lui avait tendu la main.

Après cela, il se montra étranger à tout ce qui se passait autour de lui ; il paraissait dans une de ces heures que connaissaient si bien ceux qui l'entouraient, alors que tout à l'inspiration brûlante il restait calme sous cette fièvre dont était envahi son cerveau. On lui annonça l'arrivée de sa nièce, madame de

Pierreclos, mandée en toute hâte de Mâcon, et qui vint trop tard pour que tombât sur elle un de ces sourires de l'oncle aimé.

» Puis la nuit vint, nuit sombre et brumeuse, avec un vent froid et inquiet, déchirant mal les nuées qui tombaient en gouttes rapides et irrégulières ; les châssis des fenêtres criaient parfois irrités par le vent, et quand s'en allait le vent, la pluie fouettait les vitres... On n'entendait que cela dans cette solitude où tous les assistants étaient tremblants ; tous, sauf le moribond qui s'éteignait lentement sans une plainte et dans un sourire qui déjà se montrait éternel. Ce fut ainsi que mourut Lamartine, sans qu'aucun des assistants ait pu dire le moment où son âme s'est envolée aux voûtes éternelles.

» Ce fut longtemps après que le silence qui grandissait toujours, mit l'effroi au cœur de cette famille qui n'avait plus de chef.

» — Il est mort, dit l'un d'eux.

» Personne ne répondit : tous le savaient déjà.

. . . .

» Aujourd'hui le poète repose calme sur ce

lit couvert de fleurs ; jamais la mort ne se montra plus majestueuse ; il y a de la grandeur dans ce cadavre qui semble respirer encore... Ses beaux cheveux blancs se soulèvent sur ce large front comme si sous eux encore s'agitait le souffle de la pensée ; les bras reposent étendus le long du corps, la main droite ouverte et le pouce de la main gauche légèrement plié dans les doigts.

» Un petit Christ d'argent brille sur la poitrine ; ce cadavre est en pleine lumière ; il parle aux cœurs de ceux qui le regardent ; le sentiment qu'il éveille est plutôt empreint d'espérance que d'effroi. Le poëte grandissait tout ce que touchait son génie, et la mort même sur ses traits rayonnants se montre dans une indéfinissable splendeur. »

. . . .

» Telles furent les nobles lignes inspirées par la mort du poëte à **M. Woestyn** et publiées dans le *Figaro* ; nous sommes heureux de les reproduire en tête de cette biographie.

Dans le temps où André Chénier, le poëte nouveau des vers antiques, laisse entendre un admirable écho de la poésie grecque, au milieu des angoisses et des convulsions du monde moderne ; à peu près dans le temps où le prisonnier de Saint-Lazare exhale, aux pieds de Mlle de Coigny, les plaintes de la *Jeune Captive*, le plus mélodieux soupir qui soit jamais sorti des fentes d'un cachot (1), — un enfant né à Mâcon, le 21 octobre 1790, grandit sur les bords de la Saône, à l'ombre des grands tilleuls de Milly, où sa famille, éprouvée par la Révolution, est venue oublier les mauvais jours de la tourmente révolutionnaire : cet enfant se nomme Alphonse de Prat pour sa famille ; il se nommera plus tard, pour la poésie et pour la gloire, Alphonse de Lamartine (2).

Madame de Prat, ou plutôt madame de Lamartine, — car il faut que le nom éclatant du poëte couronne le front de cette bienheureuse mère, — madame de Lamartine commença l'éducation de son fils avec une Bible de Royaumont, qui avait des gravures de *sujets sacrés à toutes les pages*. Elle obligeait son élève à s'assimiler déjà par l'admiration des yeux, les

(1) De Lamartine. — Les *Girondins*.
(2) Nom d'un oncle maternel du poëte.

trésors de la poésie primitive, comme si elle eût deviné que le futur poëte des *Méditations* devait descendre, avec les anges, du haut de l'échelle de Jacob.

« Ma mère, a dit M. de Lamartine dans la première page de son *Voyage en Orient,* ma mère était douée d'une âme aussi pieuse que tendre, et de l'imagination la plus sensible et la plus colorée ; toutes ses pensées étaient sentiments, tous ses sentiments des images. Sa belle, noble et suave figure réfléchissait dans sa physionomie rayonnante tout ce qui brûlait dans son cœur, tout ce qui se peignait dans sa pensée ; le son argentin, affectueux, solennel et passionné de sa voix ajoutait à tout ce qu'elle disalt un accent de force, de charme et d'amour qui retentit encore en ce moment dans mon oreille, hélas ! après six ans de silence ! Ma mère avait reçu de sa mère, au lit de mort, une belle Bible de Royaumont, dans laquelle elle m'apprenait à lire quand j'étais petit enfant ; cette Bible avait des gravures de sujets sacrés à toutes les pages : c'était Sara, c'était Tobie avec l'Ange, c'était Joseph ou Samuel, c'étaient surtout ces belles scènes patriarcales

où la nature solennelle et primitive de l'Orient
était mêlée à tous les actes de cette vie simple
et merveilleuse des premiers hommes. Quand
j'avais lu à peu près sans faute la demi-page de
l'Histoire-Sainte, ma mère découvrait la gravu-
re, et tenant le livre ouvert sur ses genoux,
me la faisait contempler en me l'expliquant,
pour ma récompense. »

« En rentrant de nos promenades à la campagne, ma mère nous faisait presque toujours
passer devant les pauvres maisons des malades
ou des indigents du village.

» Nous l'aidions dans ses visites quotidien-
nes. L'un de nous portait la charpie et l'huile
aromatique pour les blessés, l'autre les bandes
de linge pour les compresses.

» Nous étions sans cesse occupés, moi surtout comme le plus grand, à porter au loin,
dans les maisons isolées de la montagne, tantôt un peu de pain blanc pour les femmes en
couche, tantôt une bouteille de vin vieux et
des morceaux de sucre, tantôt un peu de bouil-
lon fortifiant pour les vieillards épuisés.

» Elle faisait de nous les ministres de ses
aumônes, ne désirant qu'un trésor ici-bas : les

bénédictions des pauvres et la volonté de Dieu. »

Il quitta, dès l'âge de huit ans, le toit so-lennel et les vieux tilleuls de Milly, pour aller commencer ses classes au collége de Belley, dirigé par les jésuites. Il y fit des études bril lantes. A chaque fin d'année, on le voyai remporter toutes les couronnes, et les professeurs encourageaient ses premiers débuts poétiques.

Il passe quelques temps à Lyon, puis avec M. de Virieu, son compagnon d'études, il fait un voyage en Italie.

Nos deux élèves des jésuites, dans leurs promenades sur le golfe ou le long de la Mergellina, ne tardèrent pas à rencontrer de brunes Napolitaines, « dont le regard a cette teinte céleste que les yeux des femmes de l'Asie et de l'Italie empruntent au feu brûlant de leur jour de flamme et à l'azur serein de leur ciel, de leur mer et de leur nuit. »

Lamartine avait oublié depuis longtemps sa belle Romaine.

Il fut aimé à Naples d'une pauvre fille de pêcheur que sa passion pour lui devait conduire au tombeau.

Pauvre Graziella! morte si jeune et si belle!

Combien tu as laissé de regrets à ce fils du Nord, trop près de l'enfance pour bien comprendre ton cœur, et dont le berceau n'avait pas été chauffé comme le tien à ce soleil ardent qui fait mûrir l'amour !

Sur la plage sonore où la mer de Sorrente
Déroule ses flots bleus au pied de l'oranger,
Il est, près du sentier, sous la haie odorante,
Une pierre petite, étroite, indifférente
    Aux pieds distraits de l'étranger.

La giroflée y cache un seul nom sous ses gerbes,
Un nom que nul écho n'a jamais répété !
Quelquefois cependant le passant arrêté,
Lisant l'âge et la date en écartant les herbes,
Et sentant dans ses yeux quelques larmes courir,
Dit : « Elle avait seize ans ! c'est bien tôt pour mourir »

Quand on lit cette émouvante histoire de *Graziella*, écrite toute entière avec des souvenirs et des larmes, on comprend la mélancolie du jeune homme à son retour (1).

(1) Il était resté près de trois ans dans son voyage. Aymon de Virien, obligé de revenir pour se marier, lui avait laissé du crédit partout, en disant : « Nous compterons en France. »

Comme l'Enfant prodigue, il fut reçu avec des festins et des caresses.

Toute la famille avait quitté Milly pour venir habiter Mâcon.

« Ma mère, dit le poëte dans ses *Confidences*, ne put s'empêcher de pâlir et de frissonner visiblement, en voyant combien ma longue absence et mes secrètes angoisses avaient amaigri et altéré mes traits. Mon père ne voyait que les belles formes développées de mon adolescence. Ma mère, d'un coup d'œil, avait vu les impressions.

» Elle vint, le lendemain, s'asseoir à mon chevet.

» — Te voilà donc revenu, mon pauvre enfant! dit-elle. Que tu es pâle! que tu parais triste? Qui m'aurait dit qu'à vingt-deux ans je verrais mon enfant flétri dans la sève de son âme et de son cœur

» Je bondis à ces mots, comme si ma mère, en me parlant ainsi, eût manqué de respect à un souvenir que je respectais en moi mille fois plus que je ne me respectais moi-même.

» — Oh! de grâce! lui dis-je en joignant les mains et avec un accent de supplication sévère, ne me parlez pas avec ce dédain d'une douleur dont vous n'avez jamais connu l'objet. Si vous saviez?....

« — Je ne veux rien savoir! dit-elle en me mettant sa belle main sur les lèvres. Que vas-tu devenir maintenant? Comment vas-tu supporter cette existence vide, monotone, oisive d'autant plus exposée aux passions coupables du cœur, qu'elle est moins remplie des devoirs et des occupations d'une carrière active? Notre fortune étroite a été considérablement rétrécie et grevée par ton éducation, par tes voyages, par tes fautes. Je n'en parle pas pour te les reprocher; tu sais que si les larmes de mes yeux pouvaient se changer pour toi en or je les verserais toutes dans tes mains! »

Paris attire alors notre jeune poëte.

En 1819, un jeune homme, inconnu, pauvre et malade, improvisait, sur son lit de douleur peut-être, une élégie, un poëme intitulé : le *Poëte mourant...*

La coupe de mes jours s'est brisée encor pleine ;
Ma vie en longs soupirs s'enfuit à chaque haleine ;
Ni larmes ni regrets ne peuvent l'arrêter :

Et l'aile de la mort, sur l'airain qui me pleure,
En sons entrecoupés frappe ma dernière heure :
    Faut-il gémir? faut-il chanter? (1).

Le pëte chantait!... il chantait, comme il
sied à tout poëte qui meurt ou qui s'essaie à
mourir; il ne prenait plus garde à la terre : il
ne regardait que le ciel, comme le cygne expi-
rant. Il jetait la nuit sur tous les jours de sa
vie, afin de ne plus les voir et de ne les point
pleurer. Il avait vécu en chantant, et le monde n'avait pas même entendu sa voix. Il mourait pour avoir trop aimé! Il dédaignait le
temps, il méprisait la gloire. Il ne regrettait
rien, rien que l'éloquence de la poésie ou que
le silence de l'amour. Il devançait la mort, il
fermait les yeux, il ne voyait plus qu'avec la
foi, *cet exil de l'âme...*

Bientôt... mais de la mort la main lourde et muette
Vient de toucher la corde; elle se brise et jette
Un son plaintif et sourd dans le vague des airs;
Mon luth glacé se tait... amis, prenez le vôtre...
Et que mon âme encor passe d'un monde à l'autre,
Au bruit de vos sacrés concerts!...

(1) *Nouvelles Méditations.*

Et lorsqu'il eut murmuré les dernières plaintes de ce chant suprême, le poëte mourant se sentit vivre.

Au lieu de penser encore à mourir, M. de Lamartine songea sérieusement à devenir immortel. Il recueillit tout ce qu'il avait de force et de courage; il cacha son orgueil en se faisant timide, et il frappa d'une main tremblante à la porte des libraires-éditeurs.

Les éditeurs, qui n'étaient pas forcés de deviner un homme de génie dans un pauvre débutant littéraire, dédaignèrent tout simplement le poëte et son admirable poésie. Un jour pourtant, la muse de M. de Lamartine rencontra par hasard, en rêvant, un honnête libraire qui consentit à l'entendre et qui finit par l'admirer : Ce libraire se nommait Nicolle; son nom ne doit pas être oublié dans la biographie de M. de Lamartine.

Les *Méditations* furent publiées en 1820, sous la forme d'un modeste in-18; le livre qui renfermait l'*Ode à Byron*, le *Soir*, le *Lac*, l'*Automne*, des chefs-d'œuvre, parut sans nom d'auteur : le poëte n'avait pas encore le courage de son génie.

M. de Lamartine n'avait pas même écrit une ligne de préface ; sauf la couverture et le titre, le livre n'était fait que de poésie.

Ce premier volume de poésie n'avait pas été signé, et pourtant toute l'Europe connut le nom de Lamartine.

Avec le succès, le ciel lui accorda le bonheur.

En 1823, parut le second volume des *Méditations*; il eut tout le retentissement du premier. On trouva seulement que le royalisme du poëte aurait dû se montrer plus généreux et ne pas récriminer sur la tombe du martyr de Sainte-Hélène.

Ce volume contient, comme pièces éminemment remarquables, *Sapho, le Prêtre mourant, l'Esprit de Dieu, Bonaparte, les Études, Une Nuit à Rome, le Crucifix,* etc.

En moins de deux ans, l'éditeur des *Méditaions* vendit ce livre à quarante-cinq mille exemplaires. Chacun lisait avec enthousiasme le *Lac,* la *Prière,* l'*Immortalité*, le *Chrétien mourant,* le *Soir,* l'*Automne,* et vingt autres chefs-d'œuvre, parmi lesquels il ne faut pas oublier de mentionner cette magnifique *Ode à yron,* de laquelle Chateaubriand dirait :

« — Cela vaut mieux que tout mon *Génie du Christianisme.* »

Or, en 1819, il y avait à Chambéry une jeune Anglaise « d'un extérieur gracieux, d'une imagination poétique, d'une naissance distinguée, alliée aux plus illustres familles de son pays. » Par son père, le major général Birch, elle appartenait aux Curchill ; par sa mère, elle descendait en ligne droite d'une race antique de l'Ecosse, dont l'honneur chevaleresque est le plus riche héritage. Et voici comment cette jeune personne se trouvait en Savoie : son père venait de mourir ; sa mère, qui n'avait d'autre enfant que cette fille unique, lui avait donné une instruction grave et des talents de peinture et de musique qui dépassaient la portée de l'amateur. Sa fortune lui permettait de compléter, par des voyages sur le continent et par la pratique des langues étrangères, cette éducation soignée. En Angleterre, elle s'était liée avec la famille du marquis de Lapierre, qui les amena à Chambéry, et la beauté, l'éclat des paysages, la puissance de la nature alpestre, ouvrirent dans l'âme de la jeune fille la source des grandes émotions.

Elle sentit jaillir en elle l'inspiration, elle aima intuitivement la poésie des poëtes. Sa vie entra dans la veine de la mélancolie intime, qui est le prélude de l'amour. Or, dans les soirées du marquis de Lapierre, on lisait déjà en petit comité, les *Méditations*, manuscrites de M. de Lamartine. Le poëte, qui connaissait particulièrement cette famille, liée par de vieilles relations avec la sienne, adressait ses vers à un de ses amis, qui leur donnait, avec son admiration, la sonorité de sa voix. Mlle Birch, qui allait, assure-t-on, être demandée en mariage par ce jeune gentilhomme, fut involontairement séduite par ses beaux chants. Elle voulut les voir et les relire, et elle demanda qu'on lui confiât chacune de ces pages à mesure qu'elles se révélaient. A partir de ce jour, mademoiselle Birch ne manqua pas de venir le soir causer avec sa mère chez madame de Lapierre. M. de Lamartine, en recevant un jour les compliments de ses amis de Savoie, fut informé des admirations qui l'attendaient quand il passerait à Chambéry. On lui parla longuement de cette jeune Anglaise qui recopiait tous ses vers sur un grand album et les encadrait dans des dessins dignes de les illustrer. Le poëte vint chez M. Lapierre, et il rencontra le poëte inconnu qui peignait ses chants : les deux âmes se comprirent. Mais pour les unir, il y avait de grands obstacles à franchir : M. de Lamartine était catholique et mademoiselle Birch était protestante; cependant elle ne protestait plus guère. Elle avait trouvé dans l'œil bleu du poëte, dans cette physionomie inspirée au profil antique, que le comte d'Orsay a frappée vivante dans le marbre, tout ce qu'il fallait pour la convaincre. Elle n'avait pas été trompée, elle avait vu face à face la gloire qui battait de l'aile dans les *Méditations*. Et ce livre-là, pour elle, était plus que la Bible de Luther. Cependant il fallut entrer en négociations pour vaincre madame Birch, qui n'autorisait pas la conversion de sa fille. La suite dira comment la marquise de Lapierre et ses amis réussirent dans cette mission délicate.

M. de Lamartine revint à Mâcon, n'y resta que quelques jours et se rendit, pour sa santé, à Aix-les-Bains. La marquise de Lapierre, madame Birch et leurs filles étaient venues s'y établir pour quelques semaines. « Je logeais, dit Lamartine, dans une maison peu éloignée de celle que ces dames habitaient, et j'y venais presque tous les jours passer la soirée comme en famille. L'hôte de la marquise était un excellent et pieux vieillard, nommé M. Perret, qui, pour accroître son modique revenu et pour gagner, l'été, le pain de l'hiver, louait pendant la belle saison quelques chambres garnies et tenait à bon marché une pension gouvernée par ses deux sœurs. Ce vieillard, simple et respectable, dont la vie ascétique avait écrit la macération sur sa pâle figure passait sa vie en solitude et en prières dans une chambre haute de sa maison. Ii y vivait entièrement étranger aux tracas d'une maison publique, comme un ermite dans sa cellule, au milieu du bruit qui ne l'atteint pas. C'était un véritable saint qui, par modestie, s'était refusé la prêtrise, et qui passait sa vie recueillie entre la contemplation et l'étude des merveilles de Dieu dans sa création. Le saint était botaniste. On le voyait tous les matins, après avoir entendu la messe, gravir seul, sans chapeau, des portefeuilles sous le bras, des filets à prendre des insectes à la main, les pentes escarpées des ruelles d'Aix, qui mènent aux plus hauts plateaux des montagnes, tout en murmurant à demi-voix les versets de son bréviaire. Le soir, il en redescendait plus ou moins chargé de foin ou de pauvres papillons épinglés, dont il grossissait sa collection. La seule distraction qu'il se permît après le souper, le chapelet, la prière du soir, était un air de flûte, joué au bord de sa fenêtre donnant sur les prés de Tresserves. Il avait conservé ce goût de musique et cet instrument du temps de sa jeunesse où il avait été fifre dans un régiment du roi de Sardaigne. Il avait beaucoup d'amitié pour moi, parce que j'aimais à aller, à mes heures perdues, visiter son herbier et entendre les explications scientifiques et providentielles sur la vertu des plantes et sur les mœurs des insectes, toutes attestant, suivant lui, la grandeur et les desseins de la Providence.

Les chuchotements de la maison lui avaient fait connaître la secrète intelligence qui existait entre la jeune Anglaise et moi, les obstacles que sa mère mettait par religion à ce penchant de sa fille, et les difficultés qu'elle apportait à nos entretiens. Il croyait de son devoir de les favoriser de toute sa complicité, pensant ainsi contribuer au salut d'une âme qui serait perdue, si le mariage ne la sauvait pas. Il me proposa d'être ma sentinelle dans la maison de ses sœurs, et de m'avertir, en jouant de la flûte, chaque fois que la mère vigilante sortirait sans sa fille pour la promenade. Ma fenêtre, dans une chambre de faubourg hors de la ville, était assez rapprochée pour que les sons aigus de l'instrument fussent saisissables à mon oreille et pour que je fisse cadrer mes visites avec celle qui fut plus tard ma belle-mère. C'est ainsi que le saint homme servait en conscience un amour naissant, en croyant servir le ciel; c'est la première fois sans doute que la piété la plus sincère sonnait à des profanes l'heure des rencontres. »

Le mrriage, la richesse, l'opulence, les distractions du monde, les travaux officiels, les bonnes fortunes de l'esprit et du plaisir, rien ne sut dérober le cœur de M. de Lamartine aux penchants et aux inspirations de la poésie.

Les *Nouvelles Méditations* parurent en 1823 ; elles furent bientôt suivies de la *Mort de Socrate* et du *Dernier Chant de Childe-Harold:* deux vers de ce poëme qui complétait l'œuvre de lord Byron faillirent coûter la vie à M. de Lamartine. Le poëte s'était écrié en contemplant les ruines de l'Italie :

Je vais chercher ailleurs (pardonne, ombre romaine !)
Des Hommes et non pas de la poussière humaine.

Un homme sortit de cette poussière, pour s'offenser d'une apostrophe poétique : le colonel Pépé provoqua M. de Lamartine, au nom de la patrie, et le sang du poëte rejaillit sur le laurier de Virgile. Le patriote italien a vécu assez longtemps pour entendre, en 1848, M. de Lamartine applaudissant du haut de la tribune, avec les plus nobles battements de son cœur, à la résurrection de la *poussière humaine* de l'Italie.

Après avoir publié le *Chant du Sacre,* en 1825, M. de Lamartine revint à Paris en 1829, et il publia les *Harmonies poétiques et religieuses.*

Entre les *Méditations* et les *Harmonies,* il y a

un monde, il y a des mondes, il y a Dieu ! Il avait fallu dix ans au poëte pour gravir, en pleurant et en chantant, cette échelle immense, mystérieuse, invisible, qui touche sur la terre aux plus sombres profondeurs de la douleur humaine, et qui se perd dans le ciel, au milieu des splendeurs de la sublimité divine. Jamais la métaphysique n'avait parlé ce langage, arraché à la harpe du Roi-Prophète; jamais la philosophie chrétienne n'avait revètu cette pompe qui étincelle, cette magnificence parsemée d'étoiles; jamais la poésie n'avait donné une pareille impuissance à l'homme, une pareille grandeur à la foi, une pareille ivresse à l'âme, un pareil espace à l'éternité, un pareil néant à la vie.

On pouvait déjà dire à M. de Lamartine, avec un autre grand poëte :

Telle est la majesté de tes concerts suprêmes,
Que tu sembles savoir comment les anges mêmes
Sur les harpes du ciel laissent errer leurs doigts!
On dirait que Dieu même, inspirant ton audace,
Parfois dans le désert t'apparaît face à face.
    Et qu'il te parle avec la voix! (1).

(1) Victor Hugo.

C'est à propos des *Harmonies* que M. Sainte-Beuve a dit de M. de Lamartine :

« Il avait d'abord une nacelle ; il l'abritait, il la ramenait au rivage, il en détachait l'anneau par oubli, il s'y balançait tout le jour, au gré de la vague amoureuse, le long d'un golfe bordé de myrthes et d'amandiers; puis, sa nacelle est devenue une barque plus hardie, plus confiante aux étoiles et aux larges eaux. Le rivage s'est éloigné et a blanchi l'horizon; mais, de la rade, on y revenait encore, on y recueillait encore de tendres et cruels vestiges, on y voyait à chaque approche comme plusieurs phares scintillants qui vous rappelaient : c'était trop s'éloigner ou trop souvent revenir. La barque a fait place au vaisseau : ça été la haute mer, cette fois, le départ majestueux, irrévocable ; plus de rivages qu'au hasard, çà et là, en passant ; les cieux, rien que les cieux, et la plaine sans bornes d'un océan. L'Océan sommeille par intervalles; il y a de longs jours de calme; on ne sait pas si l'on avance. Mais, quelle splendeur, même alors au poli de cette surface! quelle succession de tableaux à chaque heure des jours et des nuits! quelle variété miraculeuse au sein de sa monotonie apparente! Et à la moindre émotion, quel ébranlement redoublé de lames puissantes et douces, gigantesques, mais surtout et toujours l'infini dans tous les sens, *profundum, altitudo!* »

Nous ne citerons pas la quantité de chefs-d'œuvre que les *Harmonies* contiennent. Les vers du poëte spiritualiste sont dans toutes les mémoires; ils renferment des consolations et de pieux accents pour tous les âges.

O Père qu'adore mon père !
Toi qu'on ne nomme qu'à genoux ;
Toi dont le nom terrible et doux
Fait courber le front de ma mère ;

On dit que ce brillant soleil
N'est qu'un jouet de ta puissance
Que sous tes pieds il se balance
Comme une lampe de vermeil.

On dit que c'est toi qui fais naître
Les petits oiseaux dans les champs.
Et qui donne aux petits enfants
Une âme aussi pour te connaître.

. . . .

Mon Dieu, donne l'onde aux fontaines,
Donne la plume aux passereaux,
Et la laine aux petits agneaux ;
Et l'ombre et la rosée aux plaines

Donne au malade la santé,
Au mendiant le pain qu'il pleure,
A l'orphelin une demeure,
Au prisonnier la liberté.

Donne une famille nombreuse
Au père qui craint le Seigneur ;
Donne à moi sagesse et bonheur,
Pour que ma mère soit heureuse!

Jamais aucun poëte n'a porté plus loin que Lamartine la douceur du rhythme et la pureté des accords.

Souvent l'idée chez lui n'a pas des contours bien nets ; elle voltige dans le vague, elle se perd dans un lointain vaporeux où l'on s'efforce vainement de la suivre. Mais, si le fond manque de solidité et de richesse, la forme est toujours éblouissante. Le lecteur s'enivre d'harmonie et se laisse bercer doucement par les cadences sonores.

Comme Victor Hugo, l'auteur des *Médita-tions* n'a pas cette force suprême, ce nerf résolu, cette tenaille ardente de l'hémistiche qui lient le vers sur l'enclume, le façonne et le trempe énergiquement.

Flûte mélodieuse, Lamartine charme et parfois endort.

Clairon aux notes de cuivre, Hugo réveille, électrise et sonne le boute-selle, pour enfourcher Pégase au bord de l'Hippocrène.

Lamartine est un fleuve majestueux, qui coule paisiblement entre ses rives bordées d'un éternel ombrage ; Hugo est la cataracte rugissante, le torrent écumeux qui entraîne tout à sa suite au large sein des mers.

L'un est un cygne, l'autre est un aigle.

Hugo a la puissance du génie; Lamartine a le calme, la grâce et la beauté du talent.

Un biographe, qu'on ne peut taxer de flatterie, a fait ainsi le portrait du poëte :

M. de Lamartine est beau ; son front a un cachet de noblesse inouïe. Dans son regard on remarque tout à la fois de la dignité, de la douceur et de l'orgueil.

Gâté par les cajoleries du monde, il pose continuellement comme posait Louis XIV, mais sans être aussi raide dans ses allures; il sait joindre une grâce exquise à son grand air. Pendant qu'on l'admire sans cesse, il se rengorge avec la plus parfaite conviction de son mérite et une bonne foi merveilleuse.

Dirons-nous un mot de l'écrivain politique?

Un homme aussi éminemment doué devait, à notre époque, toucher à cette corde de feu. Lamartine se porte candidat, et ses premiers revers lui font porter ses regards sur l'Asie, en attendant que ses concitoyens lui rendent justice.

M. de Lamartine s'embarqua le 10 juillet 1832, en rade de Marseille, à bord du navire l'*Alceste*, qu'il avait nolisé pour lui seul, c'est-à-dire pour sa famille, pour trois de ses amis et pour une suite composée de six domestiques.

Près de partir, près de mettre à la voile, le voyageur se souvient de ses nouveaux amis, de ses hôtes de la veille, qui l'ont si bien accueilli, qui l'ont aimé tout de suite, comme s'il était un enfant de leur beau ciel; en ce moment déjà, l'ambitieux nous rend le poëte, et M. de Lamartine adresse à la ville de

Marseille tout un poëme pour adieu :

. . . .

Je n'ai pas navigué sur l'océan de sable,
Au branle assoupissant du vaisseau du désert;
Je n'ai pas étanché ma soif intarissable,
Le soir au puits d'Hébron de trois palmiers couvert,
Je n'ai pas étendu mon manteau sous les tentes,
Dormi dans la poussière où Dieu retournait Job,
Ni la nuit, au doux bruit des toiles palpitantes,
    Rêvé les rêves de Jacob.

Des sept pages du monde une me reste à lire.
Je ne sais pas comment l'étoile tremble aux cieux,
Sous quel poids de néant la poitrine respire,
Comment le cœur palpite en approchant des Dieux !
Je ne sais pas comment, au pied d'une colonne,
D'où l'ombre des vieux jours sur le barde descend,
L'herbe parle à l'oreille, ou la terre bourdonne,
    Ou la brise pleure en passant.

Je n'ai pas entendu dans les cèdres antiques
Les cris des nations monter et retentir,
Ni vu du haut Liban les aigles prophétiques
S'abattre au doigt de Dieu sur les palais de Tyr;
Je n'ai pas reposé ma tête sur la terre
Où Palmyre n'a plus que l'écho de son nom,
Ni fait sonner au loin, sous mon pied solitaire,
    L'empire vide de Memnon.

Je n'ai pas entendu, du fond de ses abîmes,
Le Jourdain lamentable élever ses sanglots,
Pleurant avec des pleurs et des cris plus sublimes
Que ceux dont Jérémie épouvanta les flots;
Je n'ai pas écouté chanter en moi mon âme
Dans la grotte sonore où le barde des rois
Sentait au sein des nuits l'hymne à la main de flamme
    Arracher la harpe à ses doigts.

On mit à la voile le 20 mai 1832. La mer était douce, le ciel était beau ; une petite brise d'est souflait vers Jérusalem. L'*Alceste*, qui emportait M. de Lamartine, était un petit navire de deux cent cinquante tonneaux et de seize hommes d'équipage, appartenant au petit port de la Ciota. Tout avait été disposé le plus confortablement possible à bord. Il y avait trois chambres : la plus grande, qui contenait une bibliothèque de cinq cents volumes choisis, était réservée à madame de Lamartine et à Julia ; l'autre était occupée par trois amis, MM. Amédée de Parseval, de Capmas, et le docteur de la Royére, qui accompagnaient les voyageurs. La troisième, qui n'était plutôt qu'une petite cabine, recevait le jour par une étroite croisée à fleur d'eau ; elle avait pour ameublement un matelas, un fauteuil et une table étroite clouée à la carcasse du navire. C'est là que Lamartine écrivit les pages volantes de son *Voyage en Orient*. Je ne sais s'il trempa sa plume dans l'Océan, mais il en fit des paysages qui en égalaient les profondeurs et le sublime. Il n'y a que ce journal qui puisse nous guider maintenant. Madame de Lamartine veille dans le secret sur un enfant malade confié aux mers; elle salue de loin tous les rivages et s'écrie : « Ce n'est pas là cette Jérusalem où nous allons? » Non, on n'est pas encore dans les mers de la Grèce; on n'a pas encore chargé les quatre canons qui attendent sur le pont les pirates de l'Archipel. Enfin, voici Sunium, où Platon parla de l'immortalité de l'âme. Lamartine est sur le pont ; il s'enivre de ce ciel éclatant qui vit naître le plus grand dogme du Monde Antique et la croyance la plus consolante de l'Humanité. Il appelle Julia qui est dans sa chambre; il veut qu'elle s'enivre d'une suave et douce lumiè e. Julia ne répond pas : qu'est-il arrivé? Ouvrons le journal de Lamartine.

» 12 août 1832. — Vive inquiétude sur la

santé de ma fille. Nous sommes à l'ancre. Triste promenade au temple de Jupiter Olympien et au Saadi. Bu des eaux du ruisseau bourbeux et infect qui est l'Ilissus.

» 23 août 1832 (dans les Cyclades. — Je passe la nuit à soigner Julia et à me promener sur le pont. Nuit douloureuse ! combien de fois j'ai frémi en pensant que j'ai mis tant de vies sur une seule chance ! Que je serais heureux si un Esprit céleste emportait Julia sous les ombres paisibles de Saint-Point. Coup de vent furieux entre l'île d'Amorgos et celle de Stamplia. Gémissements douloureux du navire. Coups sourds de la lame sur la poupe. Roulis qui nous jette tantôt sur une vague, tantôt sur l'autre... »

Peu à peu la mer s'adoucit et on arriva à Beyrouth, le 6 septembre, à neuf heures du matin. A terre, Julia se trouva mieux.

On s'installa promptement : madame de Lamartine avait hâte de reprendre la vie de famille ; cela devait remettre aussi sa fille souffrante. Mais on ne saurait pénétrer toutes les joies et toutes les tendresses de l'intimité sur cette terre d'Orient ; il faut ouvrir les notes de voyages. Il est écrit de Julia : « Sa mère lui tressait les longues boucles de ses cheveux blonds à l'imitation de celles des dames de Beyrouth; on lui arrangeait son châle en turban sur sa tête. Je n'ai rien vu de plus ravissant parmi tous les visages de femme qui sont gravés dans ma mémoire, que la figure· de Julia coiffée ainsi du turban d'Alep avec la calotte d'or ciselé d'où tombaient des franges de perles et des chaînes de sequins d'or. » Puis vinrent une série de fêtes arabes. « Julia va à la noce (12 septembre 1832) d'Habib-Barbara, interprète de M. de Lamartine Le 16 septembre, un petit atelier de peinture est installé dans la maison des pèlerins : « Ma femme et Julia ont peint les murs à fresque. » Quand enfin l'habitation fut complétement préparée pour l'hiver, Lamartine fit une excursion dans les montagnes de Beyrouth. Il avait hâte de fouler tous ces sentiers lumineux et immortels déjà chantés par Chateaubriand. Mais son absence ne fut pas longue ; le 5 octobre, il était de retour : « J'ai retrouvé, dit-il, ma femme et mon enfant en bonne santé, occupées à embellir et à orner notre séjour d'hiver. » Voilà une note rassurante sur laquelle le poëte va entreprendre un plus long voyage. Donc il vit, cette fois-ci, le Carmel, le Thabor, Gethsémani, Bethléem, le Cédron, la vallée de Josaphat, les sources de Siloë, Nazareth et Jérusalem. Dans la chapelle du Saint-Sépulcre, il fit célébrer deux messes pour Mme de Lamartine et pour Julia. Mais, pendant tout lé grand mois qu'il fut en route, il ne reçut aucune nouvelle de sa chère malade ; les Arabes infestaient le désert et la poste n'y passait qu'avec de fortes caravanes. Enfin, le 3 novembre, il fut tiré de ses craintes : « Un courrier de Jaffa m'apporte des lettres qui me rassurent sur la santé de ma fille. » Cependant il avait hâte de revoir son enfant, et il fut bientôt de retour à Beyrouth. Le 19 novembre, il sortit avec Julia ; il lui fit voir les ruines de Balbeck comme un de ces grands spectacles qu'on doit graver dans l'imagination de la jeunesse. « Ce jour-là, dit-il, elle montait pour la première fois un cheval du désert, que je lui avais ramené de la mer Morte, et dont un domestique arabe tenait la bride. Nous étions seuls. La journée, quoique de novembre, était éclatante de lumière, de chaleur et de verdure. Jamais je n'avais vu cette admirable enfant dans une ivresse si complète de la nature, du mouvement, du bonheur d'exister, de voir et de sentir. Elle se tournait à chaque instant vers moi pour s'écrier ; et quand nous eûmes fait le tour de la colline de San Dimitri, traversé la plaine et nous nous arrêtâmes : « N'est-ce pas « me dit-elle, que c'est la plus longue, la « plus belle et la plus délicieuse promenade « que j'aie encore faite de ma vie? » Hélas! oui, et c'était la dernière ! Quelques jours après, Julia n'était plus. Elle mourait le 5 décembre 1832, entre les bras de son père et de sa mère, dans cette délicieuse maison qu'elle avait peinte et ornée. C'était à onze heures de la matinée qu'elle rendit son âme à Dieu. L'air était chaud, c'était un des beaux jours du soleil. Les petites filles dansaient devant la porte, sous les larges palmiers, sans songer qu'il y avait de grandes tristesses tout auprès. Il y avait au chevet de Julia, avec ses parents, un religieux d'un couvent chrétien de Beyrouth. C'est lui qui présenta une dernière fois le crucifix aux lèvres de l'agonisante, puis il le remit aux pauvres déshérités comme un suprême adieu :

> Voilà le souvenir, et voilà l'espérance :
> Emportez-les, mon fils.

Mais M. de Lamartine est entré dans la politique, les électeurs de Bergues l'ont envoyé à la Chambre, et la ville de Mâcon, jalouse de voir son illustre enfant représenter une de ses sœurs du nord, le nomme son député aussi ; mais il opte pour Bergues. Puis il publie la *Chute d'un Ange*, les *Recueillements*, *Des Destinées de la poésie*, le *Voyage en Orient*, *Jocelyn*, les *Mélanges poétiques et Discours*, la *Question d'Orient*, et il prépare l'*Histoire des Girondins*.

Comme s'il eût deviné, sans vouloir s'en rendre compte, que la poésie avait déjà fait toute sa force, et devait un jour faire toute sa puissance, M. de Lamartine ne songea point à sacrifier la littérature à la politique, le poëte du livre au poëte de la tribune. M. de Lamartine, malgré les études, les fatigues et les devoirs de sa magistrature parlementaire, laissa tomber successivement, à travers ses poëmes oratoires, *Jocelyn*, *la Chute d'un Ange* et *les Recueillements poétiques*.

. . . .
C'était le seul débris de ma longue tempête,
Seul fruit de tant de fleurs, seul vestige d'amour,
Une larme au départ, un baiser au retour,
Pour mes foyers errants une éternelle fête ;
C'était sur ma fenêtre un rayon de soleil,
Un oiseau gazouillant qui buvait sur ma bouche,
Un souffle harmonieux la nuit près de ma couche,
    Une caresse à mon réveil.

C'était plus : de ma mère, hélas ! c'était l'image,
Son regard par ses yeux semblait me revenir,
Par elle mon passé renaissait avenir,
Mon bonheur n'avait fait que changer de visage.
Sa voix était l'écho de dix ans de bonheur,
Son pas dans la maison remplissait l'air de charmes,
Son regard dans mes yeux faisait monter les larmes,
    Son sourire éclairait mon cœur.

Mystérieux désert, dont les larges collines
Sont les os des cités dont le nom a péri,
Vastes blocs qu'a roulés le torrent des ruines,
Immense lit d'un peuple où la vague a tari ;
Temples qui, pour porter vos fondements de marbre,
Avez déraciné le grand mont comme un arbre,
Gouffres où rouleraient des fleuves tout entiers,
Colonnes où mon œil cherche en vain des sentiers,
De piliers et d'arceaux, profondes avenues,
Où la lune s'égare ainsi qu'au sein des nues,

Chapiteaux que mon œil mêle en les regardant,
Sur l'écorce du globe immenses caractères,
Pour vous toucher du doigt, pour sonder vos mystères;
    Un homme est venu d'Occident.

La route, sur les flots, que sa nef a suivie,
A déplié cent fois ses roulans horizons;
Au gouffre de l'abîme il a jeté sa vie;
Ses pieds se sont usés sur les pointes des monts;
Les soleils ont brûlé la toile de sa tente,
Ses frères, ses amis ont séché dans l'attente;
Et s'il revient jamais, son chien même, incertain,

Ne reconnaîtra plus ni sa voix ni sa main;
Il a laissé tomber et perdu dans la route
L'étoile de son œil, l'enfant qui, sous la voûte,
Répandait la lumière et l'immortalité:
Il mourra sans espoir et sans postérité!
Et maintenant, assis sur la vaste ruine,
Il n'entend que le vent qui rend un son moqueur;
Un poids courbe son front devant sa poitrine,
    Plus de peine et plus de cœur!

Écoutons le prélude de ce combat sublime, où le poëte de la foi lutte corps à corps avec le poëte du doute et du désespoir.

La nuit est ton séjour, l'horreur est ton domaine:
L'aigle, roi des déserts, dédaigne ainsi la plaine;

Il ne veut, comme toi, que des rocs escarpés
Que l'hiver a blanchis, que la foudre a frappés,
Des rivages couverts des débris du naufrage,
Ou des champs tout noircis des restes du carnage :
Et tandis que l'oiseau qui chante ses douleurs
Bâtit au bord des eaux son nid parmi les fleurs,
Suspend aux flancs des monts son aire sur l'abîme,
Et là, seul, entouré de membres palpitants,
De rochers d'un sang noir sans cesse dégouttants,
Trouvant sa volupté dans les cris de sa proie,
Bercé par la tempête, il s'endort dans sa joie.

Et toi, Byron, semblable à ce brigand des airs,
Les cris du désespoir sont tes plus doux concerts,
Le mal est ton spectacle, et l'homme est ta victime.
Ton œil, comme Satan, a mesuré l'abîme,
Et ton âme, y plongeant loin du jour et de Dieu,
A dit à l'espéranee un éternel adieu !

Les *Recueillements poétiques* étaient précédés d'une lettre-préface adressée à M. Léon Bruys d'Ouillez, préface pleine de grandeur et de simplicité tout à la fois :

« Quand l'année politique a fini ; quand la Chambre, les conseils généraux de département, les conseils municipaux de village, les élections, les moissons, les vendanges, les semailles, me laissent deux mois, seul et libre, dans cette chère masure de Saint-Point que vous connaissez, et où vous avez osé coucher quelquefois sous une tour qui tremble aux coups de vent d'ouest, ma vie de poëte recommence pour quelques jours; vous savez mieux que personne *qu'elle n'a jamais été qu'un douzième tout au plus de ma vie réelle. Le public croit que j'ai passé trente années de ma vie à aligner des rimes et à contempler les étoiles : je n'y ai pas employé trente mois*, et la poésie n'a été pour moi que ce qu'est la prière, le plus beau des actes de la pensée, mais le plus court et celui qui dérobe le moins de temps au travail du jour. Que penseriez-vous d'un homme qui chanterait du matin au soir? Je n'ai fait des vers que comme vous chantez en marchant, quand vous êtes seul dans les routes solitaires de vos bois. Cela marque le pas et donne la cadence aux mouvements du cœur et de la vie; voilà tout. »

. . . .

M. de Lamartine travaille ; il est dans l'époque active et puissante de sa vie, son génie est calme : la fièvre, qui viendra plus tard, n'a pas encore mis le doigt sur son âme. Il travaille; madame de Lamartine veille auprès de lui. C'est un spectacle touchant de voir sa constante sollicitude : elle entoure son mari de ses conseils et de son amour; elle est partout où il est, recueillant toutes ses paroles et tous ses regards. C'est qu'elle a compris que la Providence lui a confié une âme, une âme de poëte, d'orateur et de tribun. Elle n'est pas vulgaire, n'est-ce pas? cette mission de toutes les heures et de tous les instants, ce soupir incessant et généreux. Et cette vie chaste, qui veille sur la chasteté d'une autre vie, est admirable. C'est un ange que le ciel a mis auprès de Lamartine pour défendre sa gloire.

Aussi, avec quels soins madame de Lamartine s'acquitte de ses devoirs! quelle tendresse et quelle activité! Elle s'occupe de tout, et des détails intérieurs de la maison, et de la correspondance de son mari, et des moindres pages qu'il écrit. Ces pages, elle les recueille une à une, les recopie pour l'imprimeur, et réussit à garder ainsi, pour la postérité, les manuscrits du grand poëte. Elle est curieuse et touchante, cette idée de madame de Lamartine ; les amateurs d'autographes lui devront de la gratitude dans l'avenir. Jusqu'ici, tous les manuscrits de l'auteur des *Girondins* sont donc sauvés.

Nous avons dit l'histoire des *Méditations poétiques* : tous les vers en furent copiés pour madame de Lamartine et mis par le poëte, à la longue et aristocratique écriture, dans la corbeille de noces! précieux hommage auquel s'en joignit bientôt un autre plus précieux. M. de Lamartine venait de composer *Jocelyn*, ce lumineux et sublime paysage d'une âme sanctifiée par le sacerdoce et le génie ; *Jocelyn*, où se retrouve « un fragment d'épopée intime, ce n'est pas, comme on l'a cru, le type sacerdotal : le sacerdoce n'est même que le cadre et non le sujet. Le prêtre moralement et physiquement connu a une autre dimension que *Jocelyn*. »

Ce poëme, « qui n'est qu'un épisode, » écrit au jour le jour, par la montagne, dans la vallée, sur un bloc de granit ou à l'ombre d'un châtaignier, avait été confié par Lamartine à un gros registre en partie double, ou plutôt à un gros album servant de registre. Sur cet album, le poëte avait établi, au verso, le compte de tous ses honnêtes et nombreux vignerons de Saint-Point et de Monceau : chacun se trouvait là avec ses journées, son domicile, son âge et son village, ou plutôt le numéro de sa maisonnette, sans penser que, tout auprès, au recto, palpitait *Jocelyn* et se bâtissait le presbytère de Valneige, d'éternelle mémoire. Néanmoins, pendant qu'on vendangeait les vignes, Lamartine achevait son poème, et le jour vint de l'envoyer à l'éditeur. Il allait partir pour Paris quand madame de Lamartine l'arrêta : « Comment, s'écria-t-elle, c'est le registre de compte des vignerons que M. de Lamartine envoie! Il a fait erreur. » Puis elle tourna une page : « Mais non, c'est bien *Jocelyn!* » et elle se mit à rire en feuilletant l'album où la Poésie, le Dessin et la Comptabilité rayonnaient dans la gloire. Puis elle courut dans son cabinet de travail et recopia intrépidement *Jocelyn*, qui fut adressé à Paris après un retard de quelques jours. M. de Lamartine, qui était sorti au moment de ce petit coup de théâtre, rentra bientôt et ne parla de rien ; il ne s'informa pas si le facteur avait pris l'envoi ; il le croyait bien sous presse quand, au déjeuner de famille, madame de Lamartine lui remit l'album qui contenait le compte de tous les vignerons et lui dit qu'elle venait de recopier *Jocelyn* et qu'elle allait l'adresser Paris. Il resta tout étonné, puis il se ravisa, se souvint qu'il était poëte, dans *Jocelyn* surtout, et qu'il avait perdu de vue ses chers et laborieux vignerons devant les douleurs d'une âme sacerdotale en peine.

Plein d'admiration et de reconnaissance, Lamartine demanda une plume et écrivit à la première page de *Jocelyn* :

A MARIA ANNA ELIZA.

Doux nom de mon bonheur, si je pouvais écrire
Un chiffre ineffaçable au socle de ma lyre,
C'est le tien que mon cœur écrirait avant moi,
Ce nom où vit ma vie et qui double mon âme !
Maís pour lui conserver sa chaste ombre de femme
 Je ne l'écrirais que pour toi !

Lit d'ombrage et de fleurs où l'ombre de ma vie
Coule secrètement, coule à demi tarie,
Dont les bords, trop souvent, sont attristés par moi
Si quelque pan du ciel par moment s'y dévoile,
Si quelque flot y chante en roulant une étoile,
 Que ce murmure monte à toi !

Abri dans la tourmente où l'arbre du poëte,
Sous un ciel déjà sombre, obscurément végète
Et d'où la sève monte et coule encore en moi,
Si quelque vert débris de ma pâle couronne
Refleurit aux rameaux et tombe aux vents d'automne,
   Que ces feuilles tombent sur toi !

M. de Lamartine est l'expression la plus élevée, la plus délicate, mais la plus parfaite, des tendances, des passions, des élans et des repos de sa génération. Il n'est un homme de génie qu'à cette condition. Ce n'est point un rêveur, un utopiste, un artiste isolé sur un paradoxe, qui se rencontre par hasard avec l'opinion publique, et qui met souvent sa gloire à la combattre. Les vanités médiocres ont seules de ces prétentions. L'homme véritablement supérieur est l'homme véritablement humain, vibrant à toutes les électricités, répondant à toutes les secousses, mais gardant, mieux que toutes les autres, sa conscience inébranlable au milieu de ses idées agitées. M. de Lamartine est de tous points cet homme-là ; et quand on lui reproche ses variations apparentes, c'est la France tout entière qui frappe un *mea culpa* sur la poitrine de son poëte, sans renoncer pourtant à la ressource de venir redemander le lendemain un hymne de foi à celui qu'elle accuse de la décourager ! Chateaubriand, infidèle par toutes ses aspirations aux maîtres qu'il affectait de servir, est mort renégat dans une armure de croisé. Lamartine, qu'on a cru tour à tour légitimiste et républicain, a, pour ceux qui l'étudient de près, et qui ne satisfont pas des mots, une unité inflexible d'aspiration. Il est comme l'Humanité qui change de voies, qui ne change pas de but, et qu'on ne pourrait accuser de palinodies, sans proférer un blasphème, sans nier le mouvement.

Cette constance réelle, sous des modulations de rayonnements, était la foi profonde de madame de Lamartine, et elle s'appliquait, avec une raison énergique, à maintenir cette unité et à la faire connaître de ceux qui la méconnaissaient.

Peu de jours après le 24 juin, Lamartine remettait ses pouvoirs aux mains du général Cavaignac, et, au mois d'avril de l'année suivante, il se retirait complétement de la vie politique, emportant avec lui un mauvais souvenir d'ingratitude. Alors il écrivit dans son exil *Raphaël*, une des belles pages de son enfance; puis il fit paraître l'*Histoire de la Révolution de 1848*. En voici les dernières lignes : « De grands services ont été rendus, des fautes ont été commises. Je prie Dieu, mes concitoyens et la postérité de me pardonner les miennes. »

Les révolutions entraînent souvent, avec nos espérances, nos fortunes et nos vies. Lamartine qui, de celle de 1848, n'avait conservé que les derniers jours qu'il coule, s'aperçut bientôt du délabrement de ses affaires : son cœur, dans sa générosité, se trouvait à l'étroit; il ne pouvait plus agir, il n'avait plus ses mouvements, il n'était plus chez lui, *res augusta domi*. Or, dans cette crise, il se tourna vers l'étude, seule elle console le cœur dans ses disgrâces, et il publia *les Confidences* (1849), *les Nouvelles Confidences*, *Geneviève* et *le Tailleur de pierre de Saint-Point* (1851), *Toussaint-Louverture* (1850), *Histoire de la Restauration* (1852), *Histoire de la Restauration* (1854), *Histoire des Constituants* (1855), *le Conseiller du Peuple* (1856), et *le Cours familier de littérature* (1857).

Mais nous arrivons à cette souscription fatale et malheureuse, où la France semble renier ses grands hommes et son génie. On va vendre tout le patrimoine de Lamartine : Saint-Point, Milly, Montceau, trois noms immortels comme Newstead, vont disparaître à la fumée des enchères, et le poëte qui les chanta n'aura même où reposer sa tête ; il sera vraiment pauvre comme Homère, lui qui aura été la gloire de son pays.

Devant tant de tristesses, des hommes de cœur s'émurent et s'organisèrent en comité. Un manifeste douloureux fut lancé à la France. C'était d'abord un cri déchirant mêlé d'un cri d'espérance. Les entrailles du pays avaient frémi au mot de : « Sauvons Lamartine ! » Mais bientôt la malveillance s'en mêla, les passions politiques voulurent prendre leur revanche, et il fallut fermer cette malheureuse souscription qui ne donna que des résultats très-insuffisants.

Pour bien comprendre quelle fut la situation de Lamartine dans ces jours difficiles, il faudrait ouvrir toute sa correspondance. On verra comme elle avait mis toute sa vie dans le succès de cette entreprise qui intéressait à un si haut degré l'honneur de son mari et de son pays. Mais, pour avoir ces révélations dans toute leur exactitude, il faudrait que le Comité publiât les lettres que madame de Lamartine écrivait alors à tous les coins de la France. Il devrait aussi publier celles qu'elle lui adressait d'heure en heure. Elles sont exquises et touchantes dans leur gratitude; elles ont le charme et le reflet du cœur. Louis Ulbach, qui s'occupa alors de cette souscription, dont il était le secrétaire, avec toute l'énergie de son amitié et de son admiration pour Lamartine, doit avoir de cette date mille petits billets qui sont des trésors. Ces lettres, il me semble, sont nécessaires pour juger un grand homme qui parut dans un grand siècle; elles portent la physionomie, le caractère et le timbre des documents dont s'entoure la postérité.

C'est à l'époque de cette malheureuse souscription que le nom de Lamartine éteint devient tout à coup une lumière plus grande que jamais. Du milieu des villes, au fond des campagnes, il pénétrait avec sa gloire, et on n'eût pas cru que tant d'enthousiasme eût fini par tant d'ingratitude.

Cependant Lamartine n'a pas perdu courage; au contraire, il a repris plus de fierté dans cette dernière tempête, et, trahi dans son pays, il ne croit plus en lui-même. Le *Cours famillier de littérature* devra acquitter une partie des dettes que la France eût dû acquitter pour son honneur. Alors il publia ces entretiens dont le retentissement fut prodigieux et qui, à leur apparition, se virent entourés d'une sympathie européenne. Ils comptèrent tout de de suite trente mille souscripteurs. Mais ceux-là qui avaient attaqué la souscription pour libérer le poëte se réveillèrent à un si éclatant triomphe ; l'envie leur souffla de l'injustice et de la calomnie dans la voix. Et Lamartine, en 1858, leur repondit :

« Une partie de la presse retentit depuis quelques semaines d'un concert de malveil-veillance et d'un redoublement d'invectives contre cette modeste publication, et surtout contre son auteur. Nous ne nous plaignons pas de cette recrudescence de colères ; nous avons bu, depuis dix ans, le calice jusqu'à la lie, et nous n'y trouvons rien d'amer. »

Les obsèques de madame de Lamartine furent simples, comme les dernières années de sa vie. Elle avait souvent, avant de mourir, manifesté le désir de quitter ce monde sans bruit. Cependant on eût pu voir toute la grandeur humaine s'étaler autour de son corbillard, et M. Louis Ulhach a dit dans le *Temps* que le gouvernement avait offert à M. de Lamartine de rendre lui-même les honneurs suprêmes aux restes chéris qui s'en allaient à Saint-Point. Mais à celle qui portait un nom si glorieux, que fallait-il sur son cercueil ? Ce nom-là n'était-il pas le symbole le plus éclatant du génie, de la douleur et de la postérité.

Ce souhait devait être bientôt exaucé.

Madame de Lamartine, qui ne vivait depuis longtemps que par l'énergie de son âme et de sa volonté, tomba malade. On se dit : cette fois-ci encore, elle nous donnera la surprise de sa convalescence. Mais non ! un érésipèle se déclara tout d'un coup, sans qu'on y songeât et que rien dans la maladie l'annonçât. C'était le mardi soir. Depuis trois jours seulement madame de Lamartine était couchée. L'érésipèle, combattu à son origine par le docteur Clavel, assisté de quatre de ses confrères, amis de M. de Lamartine, resta quelques heures sans faire de progrès, puis, la nuit. il envahit si fortement la tête, que madame de Lamartine perdit à peu près connaissance. Cependant son âme reprenait le dessus, et alors elle s'informait de M. de Lamartine, qui s'était couché dans un couloir voisin et qui ne pouvait remuer. Il n'eut même pas la consolation de lui fermer les yeux. C'est M. l'abbé Deguerry, curé de la Madeleine, qui assista madame de Lamartine à ses derniers moments. Elle mourut le jeudi 21 mai 1863, après quarante-huit heures d'agonie.

« A pareille misère! s'écria éloquemment Jules Janin, dans le *Journal des Débats*, est-il consolation qui soit possible? »

Cependant Victor Hugo écrivit, le 23 mai, cette lettre de Haute-Housse :

« Cher Lamartine,

» Un grand malheur vous frappe; j'ai besoin de mettre mon cœur près du vôtre. Je

vénérais celle que vous aimiez. Votre haut
esprit voit au-delà de l'horison. Vous apercevez distinctement la vie future. Ce n'est pas à
vous qu'il est besoin de dire : Espérez! Vous
êtes de ceux qui vivent et qui attendent. Elle
est toujours votre compagne invisible, mais
présente. Vous avez perdu la femme, mais
non l'âme. Cher ami, vivons dans les morts.

» *Tuus.*   Victor Hugo. »

Pour les obsèques de madame de Lamartine,
il ne fut pas même adressé de lettres d'invitation. La poignée d'amis qui suivit le cercueil
à l'église Saint-Augustin, une église de village
égarée dans Paris, avait veillé la sainte femme
pendant sa courte maladie, et ils étaient venus
rendre les devoirs suprêmes. La messe basse
qui fut dite dura à peine vingt minutes, puis
le cercueil fut mis dans un corbillard qui le
transporta au chemin de fer de Lyon. M. Louis
de Ronchaud et M. le comte d'Esgrigny accompagnaient les restes mortels de madame de
Lamartine à Saint-Point.

Le samedi 23 mai, à cinq heures du matin,
le convoi arriva à la gare de Mâcon, où l'at

tendaient les membres de la famille de M. de Lamartine, mêlés aux fonctionnaires du chef-lieu, aux députations des corps constitués et à une multitude d'ouvriers. C'était le premier des hommages qui devaient être spontanément rendus à la mémoire de la sainte et noble femme. Elle était bien inspirée dans sa justice, la ville de Mâcon, qui s'honorera toujours d'avoir vu naître Lamartine, en donnant à l'ange du poëte, qui s'en retournait, des regrets et des larmes. Elle devait bien un éclatant souvenir au cercueil, quand une gloire immortelle rejaillissait sur elle du berceau.

, ...

Lamartine s'éteignit dans cette maison de l'avenue d'Eylau, citée au commencement de ce livre, et c'est en ces quelques lignes où le cœur de son vieil ami Ulbach s'épanche à chaque mot, que la France apprit le détail des obsèques d'un de ses meilleurs et plus grands citoyens.

Mâcon, 4 mars.

« Cher monsieur,

» J'ai été bien imprudent de vous promettre une lettre, une sorte de compte rendu des furailles de Lamartine. Je n'écoutais que mon désir d'effusion, à propos d'un homme que j'ai aimé de tout mon cœur, que j'ai admiré de toute mon âme; mais je ne prévoyais pas assez que mes émotions seraient d'une nature à la fois si profonde et si simple, que le public aurait peu de chose à y trouver et que j'aurais peu de détails pittoresques à y ajouter.

» Imaginez tout un pays en deuil, la nature voilée de neige comme s'il eût fallu à ce poëte des chastes amours un décor splendide et virginal, un office au petit jour dans l'église de Mâcon; puis un départ processionnel à travers la campagne ; sept lieues de parcours, et des haltes à chaque lieue pour les députations des communes, pour le clergé de chaque paroisse qui venait apporter son tribut de prières et de bénédictions à l'homme qui a fait autant de bien aux pauvres qu'il a donné de joie aux riches d'esprit !

» Quelle description voulez-vous d'une douleur qui ne se décrit pas et d'un cortége sublime par sa naïveté? Combien étions-nous? Deux mille peut-être. Tous les amis des années heureuses étaient venus saluer cette maison de

Saint-Point fermée pour toujours ! Tous ceux qui avaient souri à ce grand génie si familier étaient venus dire un dernier adieu à ce foyer éteint, à cette pensée perdue.

» Il n'y avait là rien d'officiel. Le ciel, qui s'est mis à verser la lumière sur la tombe entr'ouverte, a remplacé avantageusement les pompes offertes par la munificence de l'Etat. La verdure naissante de Saint-Point semblait s'être hâtée pour chanter une élégie à la venue du poëte.

» On a prié, on s'est recueilli; quelques-uns ont arraché, comme je l'ai fait, un rameau à l'arbre vert qui fait sentinelle entre le tombeau et l'église.

» Aucun discours n'a été prononcé, on a pensé que le silence était seul assez éloquent pour louer l'éloquence. Le bureau de l'Académie française représenté par Emile Augier et par Jules Sandeau a respecté les volontés de la famille, et c'est le silence le plus religieux qui a ouvert à ce mort illustre la dernière porte de son immortalité.

» Vous voyez bien que je n'ai rien à vous raconter. Vous nommerai-je ceux qui étaient

venus, qui ont fait, sans s'arrêter cent vingt
lieues pour honorer un homme de bien et un
pur génie, pour protester contre cette assimi-
lation grossière et brutale qui a été faite d'un
cumulard décédé sous le poids de ses honneurs
avec ce grand homme rentré sûrement par la
pauvreté de son convoi dans la pureté de son
honneur !

» La Société des gens de lettres n'était pas
représentée. Mais Alexandre Dumas fils s'était
empressé d'accourir.

» Le gouvernement provisoire de 1848 n'a-
vait envoyé ni une députation ni un souvenir;
personne n'a été prendre pour les déposer sur
le cercueil de Lamartine les drapeaux du 24 fé-
vrier qui sont encore dans la chapelle du châ-
teau de Montceau ; mais toute la jeunesse ac-
courue, mais les récits que chacun se faisait;
mais cette communion de toutes les douleurs
qui mêlait dans ses regrets le poëte de *Jocelyn*,
l'historien des Girondins, l'orateur éloquent,
l'homme d'Etat sans peur et sans reproche,
cette sympathie tendre pour le génie le plus
tendre qui eût honoré en France les
lettres et la politique, remplaçait la dé-

putation absente et les drapeaux oubliés.

» Pour un grand nombre de ceux qui étaient
là, cette lente procession était chose nouvelle
et surprenante. Mais ceux qui, comme moi,
avaient vu Lamartine vivant et semant la vie
sur ces campagnes, le suivaient encore par la
pensée et trouvaient tout simple que son cercueil s'arrêtât encore à chaque pas pour faire
l'aumône d'une vertu, d'une généreuse pensée
dans le cœur des jeunes générations.

» Je ne sais pas ce qu'enseigneront les obsèques somptueuses de M. Troplong; mais
je sais que les funérailles de Lamartine,
dans leur simplicité champêtre, exaltaient bien
haut la cordialité touchante de ce merveilleux
génie, qui fut aussi naïf qu'il fut grand, aussi
dédaigneux des faveurs, après les périls passés,
qu'il fut dédaigneux de sa vie à l'heure du
danger.

» Pauvre jardin de Saint-Point! comme on
l'a piétiné aujourd'hui! Chacun eût voulu
pouvoir emporter des fleurs, un souvenir em-
baumé, et chacun en revenant s'apercevait
qu'il avait dans l'âme un parfum, le sentiment
d'un devoir bien rempli et d'une journée con-

sacrée tout entière à ce qu'il y a de meilleur au monde : la reconnaissance, l'amour et le culte du beau.

» Lamartine repose dans le même caveau que sa femme, près de sa mère et de sa fille.

» On mettra probablement sa statue couchée les yeux au ciel, à côté de celle qui l'attendait depuis six ans et qui, la main sur le cœur, semble, dans le beau marbre taillé par A. Salomon, soupirer et murmurer les mots gravés sur le fronton du monument : *Speravit anima mea.*

En terminant cette opuscule, remercions MM. Armand Lebailly, de Méricourt et feu Lurine, chez lesquels nous avons puisé à pleines mains. Heureux si les fleurs brillantes de leur rhétorique nous ont permis d'offrir aux lecteurs un mince bouquet parfumé de l'âme de l'immortel défunt.

A. VÉMAR.

[illegible]

www.ingramcontent.com/pod-product-compliance
Lightning Source LLC
Chambersburg PA
CBHW071404030726
47594CB00002B/836